LES

ENVIRONS DE NAPLES

ET LES

RUINES DE POMPEI

PAR

JULES LEMAIRE

(Extrait d'un Carnet de Voyage)

MONTMÉDY
IMPRIMERIE PH. PIERROT
1884

LES

ENVIRONS DE NAPLES

ET LES

RUINES DE POMPEI

PAR

Jules LEMAIRE

(Extrait d'un Carnet de Voyage)

MONTMÉDY
IMPRIMERIE PH. PIERROT
1884

LES ENVIRONS DE NAPLES

ET LES

RUINES DE POMPEI

(Extrait d'un Carnet de voyage).

13 Avril 1877.

De grand matin, au lever du soleil, nous sortons de l'*Albergo* en réprimant un frisson. A ce moment, il fait très frais à Naples ; les nuits y sont aussi froides et humides que les journées y sont brûlantes.

A la *Stazione*, peu de monde. Munis d'un ticket d'aller et retour pour Torre del Annunziata, nous nous installons à la portière d'un wagon de *terza classe* du premier train de Castellamare.

En quittant les dépendances de la gare, peuplées comme partout, de wagons, de machines au repos et en mouvement, le train suit le bord de la mer, entre deux lignes de maisons qui tournent le dos à la voie et forment une rue interminable assez monotone.

On passe ainsi, sans aucune transition, de Naples à Portici, la ville aux blanches villas, puis à Résina, bâtie sur l'emplacement d'*Herculanum*, et enfin à Torre-del-Greco, qui fut maintes fois détruite par les laves du Vésuve, son terrible voisin.

A divers intervalles, fort rares, on aperçoit le golfe et les vagues qui rongent les coulées de lave noire, à couches superposées, sur lesquelles la *Ferrovia* est solidement assise. Les parois de la tranchée montrent aussi la bizarre construction géologique de ce singulier terrain, formé par les éruptions successives du volcan. On se croirait dans le voisinage d'une usine métallurgique.

Au-delà de Torre-del-Greco, on respire plus à l'aise. Une campagne verte et riante, une campagne napolitaine enfin, — le Paradis succédant au Tartare, — se découvre au sortir de ce couloir pressé entre deux sombres murailles reliées par une vraie profusion de ponts et de passerelles.

Nous cotoyons un rivage légèrement escarpé, toujours battu par la mer, et portant, néanmoins, des jardinets remplis d'orangers, de citronniers et d'autres plantes méridionales. De petites maisonnettes carrées, en platras, avec toitures demi-cylindriques, des massifs de cactus, d'aloès et, au loin, quelques pins-parasols complètent l'ornementation de ce paysage tout *campanien*.

Sur le sable, les lames, ourlées d'écume blanche, s'étalent et se retirent en cadence, pendant que des barques de pêche, chargent leurs filets et se disposent à prendre le flot. A notre gauche, à travers une sorte de nimbe lumineuse qui voile le soleil, le Vésuve dessine sa silhouette sinistre et promène, au gré de la brise, son panache de vapeurs sulfureuses au-dessus de cette belle nature qui s'éveille, insouciante, au pied de la redoutable colline.

Entre le volcan et le chemin de fer, on voit avec stupeur, sur un tertre isolé, un couvent de Camaldules, dont la position aventurée semble être une téméraire bravade. Cependant, son élévation le met plus à l'abri des torrents de lave, que les maisons bâties plus loin, en rase campagne, où les scories en fusion se répandent sans résistance.

Arrivés à Torre-del-Annunziata, nous descendons

de wagon avec l'intention bien arrêtée de gagner Pompeï à pied.

Devant la gare, sur une place resserrée entre de grandes bâtisses, s'agite une foule débraillée au milieu d'un énorme rassemblement de voitures de louage. C'est un brouhaha indescriptible, les cochers s'égosillent à vous offrir dans toutes les langues, leurs véhicules, à des prix extra-modérés — quitte à voir plus tard — sans préjudice à une nuée de va-nu-pieds, qui vous proposent leur office, à contre-temps, avec le même zèle, et à des conditions bien plus avantageuses. « Pommpeïe, Pommpeïe, signori, » glapissent en chœur dix ou quinze voix éraillées !...

Ce n'est qu'après une lutte des plus vives, que nous parvenons à nous dépêtrer de cette cohue infernale pour arpenter au hasard, une longue via, où des cochers persistent à nous poursuivre encore.

Deux petits bambins, à peine vêtus, trottinent devant nous, en nous indiquant la direction de Pompeï. Voilà bien notre affaire. Nous les encourageons d'un signe de tête, et leur joie démonstrative nous dit assez qu'ils ont compris que leurs services étaient acceptés.

Nous sommes alors un peu plus tranquilles

Cependant, après quelques détours, un cocher plus tenace que ses collègues, nous rejoint et s'obstine à nous suivre, dans l'espoir, sans doute, de vaincre notre résistance. Mon camarade exaspéré, s'approche résolument de la voiture, et, s'accompagnant d'un mouvement de canne des plus significatifs, le *prie* de choisir une direction quelconque et de nous laisser en repos. L'automédon, ahuri, s'empresse de tourner bride aussitôt, dès lors persuadé qu'il s'expose à.... perdre son temps.

Cette fois, du moins, nous sommes définitivement débarrassés.

Il faut avoir visité l'Italie, pour comprendre ce que les voyageurs y ont à souffrir de l'acharnement des cochers de voitures publiques et de l'affluence de tous les *raccrocheurs* qui peuplent les endroits fréquentés, misérables à figures sinistres, êtres ignobles, dont l'existence est un problème.

Nos petits guides, tout en nous expliquant bien des choses d'une façon parfaitement inintelligible, nous mènent donc hors la ville, par une route poussiéreuse, bordée de maisons qui cèdent peu à peu le terrain à de vastes jardins maraîchers irrigués par un système de canaux à fleur de terre. De longues files de légumes, robustes et bien fournis, témoignent de la richesse d'un sol qui ne demande qu'à produire, sous la sauvegarde de haies d'aloès, aux dards aigus, tout prêts à empaler les imprudents qui s'écartent de la bonne voie.

Un soleil de feu achève de dissiper les vapeurs du matin, et chauffe à revers les flancs du Vésuve, sur lesquels un grand nombre de villages et de maisons s'éparpillent, au sein des vignobles, comme des taches blanches sur un tapis vert.

Ces peuples sont vraiment incorrigibles. Le souvenir des catastrophes de Pompeï, d'Herculanum, — sans compter d'autres cataclysmes plus récents ! — ne les effraie pas ; ils construisent à très peu de distance du cratère. On frémit, en songeant que tous ces populeux villages, toutes ces coquettes villas peuvent être anéantis par un souffle du volcan irrité.

Une grande demi-heure se passe ainsi, sans modification notable de la perspective, pendant que nous pataugeons dans la fine poussière de la route, en contournant la base du Vésuve. Les dernières maisons de *Torre* se sont effacées derrière un monticule ainsi que les derniers arbres des jardins ; nous sondons vainement des yeux la plaine blanchâtre et presque déserte qui s'étend devant nous, sans découvrir aucune trace de Pompeï.

Peu après, le chemin se bifurque. Nos petits compagnons nous indiquent alors, à peu de distance, un tertre planté de pins-parasols, qui tendent leurs vertes ombelles et s'écrient joyeusement :

— « Pommpeïe! signori, si si Pommpeïe. »

Nous congédions donc nos deux gamins, et nous accélérons le pas.

De la route de Salerne, que nous suivons, rien ne trahit la présence des ruines; un écran de verdure les dérobe aux regards des touristes impatients, qui s'en approchent ainsi sans le savoir.

Enfin, nous atteignons un *Albergo* isolé sur la route — Hôtel Diomède! — entouré de pampres comme une villa antique et adossé à un talus que l'on gravit, entre deux haies de lauriers et d'aloès, pour arriver au guichet principal.

Avant de passer au tourniquet-compteur, nous déposons une pièce de deux francs chacun, en échange d'une carte de circulation et un cicérone officiel, en uniforme, parlant français, s'empare de nous.

Un chemin creusé dans des remblais tapissés de plantes grasses aux larges fleurs roses, conduit en tournant, à un couloir voûté et pavé, montant aux ruines. — Porte de la Marine. — A mi-côte, à droite, dans un bâtiment léger, on expose provisoirement, avant de les transférer au musée Borbonico de Naples, les objets trouvés dans les fouilles. Jetons-y un coup-d'œil en passant.

Au centre de la pièce, on remarque des espèces de sarcophages en cristal, qui renferment des moulages en plâtre coulé dans les cavités qu'ont laissées les corps ensevelis sous la cendre du volcan. Au premier abord, il semble que l'on voit les cadavres eux-mêmes, tant ces moulages sont réussis. Les figures de ces intéressantes victimes, reproduites avec une fidélité surprenante, sont très expressives et conservent même les dernières contractions de leur agonie. Ces malheureux, cependant, ont dû être étouffés assez vite, car leurs gestes n'expriment pas de grandes convulsions.

Deux femmes, la mère et la fille, sans doute, se tiennent enlacées dans une suprême étreinte. Un cadavre de jeune fille, d'une netteté admirable, et celui d'un esclave couvert de ses vêtements, captivent principalement l'attention.

Des vitrines, appliquées aux murailles, sont garnies d'ustensiles de ménage, d'outils, de parures, de lambeaux d'étoffes, ainsi que de légumes desséchés, des oignons, des ails, des grains de blé et de maïs classés dans des sébilles.

Quittant ce musée, nous reprenons notre couloir, alors à ciel ouvert, toujours pavé, avec trottoirs. Vingt pas plus loin, nous sommes dans Pompeï !...

Comment rendre l'impression produite, à première vue, par l'aspect de cette fameuse cité, qui sort peu à peu de son tombeau, après un ensevelissement de dix-huit cents ans !... Voilà ces édifices, ces maisons, ces rues, tels que les ont laissés ceux qui les habitaient il y a dix-huit siècles !

A droite, nous avons les restes de la *basilique*, un des plus grands monuments de Pompeï. Ses pavés sont intacts, mais ses murs n'ont plus que deux mètres de hauteur, environ ; sur le pourtour intérieur de l'édifice, se dressent plusieurs colonnes cannelées enduites de stuc.

A gauche, le temple de Vénus, aux murailles couvertes d'inscriptions, occupe un emplacement moins vaste.

Derrière la basilique, nous explorons en détail les premières maisons découvertes en 1799, par le général Championnet.

Notre guide nous fait là, un petit cours d'archéologie, d'autant plus attrayant que l'on a le sujet traité sous les yeux.

« Les habitations particulières de Pompeï, à peu d'exceptions près, dit-il, sont toutes construites sur le même plan ; en décrire une, équivaut donc à faire la description de toutes les autres.

« Ces constructions avaient rarement plus de deux étages : mais comme les parties supérieures se sont écroulées sous le poids des décombres et que les toitures ont été brûlées par le feu des scories, on est réduit à n'avoir de renseignements exacts que pour le rez-de-chaussée.

« Sur la rue, s'ouvraient les boutiques, dans lesquelles se débitaient les marchandises du propriétaire de la maison, car Pompeï était surtout une cité commerçante.

« Au milieu de la façade, la porte d'entrée — *prothyrum* — donnait accès à une première grande pièce, *atrium*, dont le plafond, soutenu par quatre rangs de colonnes, était percé d'une ouverture rectangulaire, *compluvium*, au-dessus d'un bassin de marbre de même forme, *impluvium*, destiné à recevoir les eaux de pluie. Autour de cette salle, s'ouvraient de petites chambres à coucher, *cubicula*, éclairées par la porte.

« C'est dans l'atrium, que le maître de la maison recevait ses visiteurs et donnait l'hospitalité à ses hôtes...

« La seconde pièce importante des habitations pompeïennes était le *peristylium*, sorte de cour entourée de portiques, communiquant avec l'atrium par un étroit corridor. Une piscine ou un parterre orné de fleurs en occupait ordinairement le centre. Autour du peristylium étaient distribuées les chambres à coucher de la famille, et la salle à manger, *triclinium*, dont la table, très-basse, était accompagnée de trois lits, sur lesquels les convives se couchaient pour prendre leurs repas.

« Au fond du peristylium, s'ouvrait enfin l'*œcus*, salle élégante éclairée du côté des jardins, et où se tenaient les femmes.

« Outre ces pièces principales, il y avait encore l'*excedra*, salle de conversation; la *pinacotheca*, galerie de tableaux ; le *lararium*, chapelle des dieux domestiques ; la salle des bains et le *triclinium* d'été, disposé à l'ombre d'une charmille. »

On voit, par cet aperçu, que les Romains n'avaient rien à nous envier sous le rapport du confort et du luxe !...

Nous passons ensuite au Forum civil, vaste rectangle pavé, encadré de grosses colonnes supportant des fragments de corniches.

A l'une de ses extrémités, du côté du Vésuve, un soubassement conservant quelques traces d'escaliers et de socles, est tout ce qui existe du célèbre temple de Jupiter. A l'extrémité opposée, des ouvriers sont occupés à dresser une grande loge en planches, couverte en toile, dans laquelle, dit notre guide, on doit recevoir, sous peu, le roi d'Italie. Victor-Emmanuel tient à se rendre compte, par lui-même, de l'état des fouilles que l'on fait en ce moment. Ce sera, pour Naples, l'occasion de fêtes splendides que nous ne verrons pas !

Dans une des maisons du Forum, on a rassemblé quelques objets d'art nouvellement découverts, des moulures et des statues de marbre d'un travail très délicat. On y remarque, surtout, un petit enfant tenant un lapin dans ses bras, véritable merveille comme finesse d'exécution.

On le sait, la sculpture, sous les Romains et les Grecs, était arrivée au *summum* de la perfection ; nos statuaires modernes l'égalent, peut-être, mais ne la surpassent pas. Il est donc surprenant de voir jusqu'à quel point, au moyen-âge, c'est-à-dire bien des siècles après, ce bel art était tombé en décadence. Les naïves et grotesques figures grimaçantes qui ornent à profusion les porches de nos cathédrales gothiques, paraissent être, tout au plus, l'œuvre d'artistes de l'*âge de pierre*.

Du forum, nous pénétrons dans l'intérieur de la ville par la *Strada dell' Abbondanza*, pavée de dalles irrégulières à demi rongées et laissant entre elles de profonds interstices. Des trottoirs élevés, assez spacieux, suivent ce qui fut autrefois des maisons, pans de mur à hauteur d'homme, découpés d'ouvertures nombreuses.

Les rues de Pompeï ne sont pas larges ; un seul char pouvait y circuler. De loin en loin, pour faciliter le passage d'un trottoir à l'autre au moment des pluies, sans prendre un bain dans la chaussée, convertie en canal, des blocs de pierre sont disposés en travers de la voie, avec un espace assez grand entre eux pour laisser passer les roues des voitures dont les traces sont encore visibles sur les pavés.

Pompeï ne manquait pas d'eau potable car, outre les fontaines des maisons particulières, on rencontre dans les rues, disposés à peu près à distances égales. des bacs de pierre qu'alimentait un goulot de marbre, — tête de lion où de sphinx.

Notre siècle orgueilleux n'a donc pas inventé les bornes-fontaines !...

La rue de l'Abondance nous mène à celle des Théâtres, qui, naturellement, nous conduit au Grand-Théâtre, arène à ciel ouvert, — où 5,000 personnes étaient à l'aise, — encore garnie de ses loges et gradins de pierre. du haut desquels on dominait la mer, qui, à cette époque, baignait les murs de la ville.

Quatre kilomètres de terre ferme l'en séparent maintenant.

Du sommet de ce dernier édifice, la vue plonge dans le quartier des soldats, espace entouré de portiques et de cellules, au pied des substructions informes de l'Odéon.

Derrière le Grand-Théâtre s'élevait le temple d'Isis. déesse du Commerce. Au milieu d'un atrium à colonnade, un Podium soutenait la statue creuse de la déesse, dans laquelle, à l'aide d'un escalier secret, les prêtres s'introduisaient pour lui faire rendre des oracles. On a retrouvé dans les caves du temple plusieurs squelettes d'hommes, des prêtres sans doute.

Un canal, conduisant les eaux de Sarno à Torre-dell-Annunziata, passe sous le temple. Un enfant accroupi auprès d'une ouverture pratiquée dans le sol. nous offre, moyennant finance, une cruche d'eau fraîche qu'il vient de puiser dans le canal. On ne se figure pas le bien-être que procure un verre d'eau limpide sous le beau, mais très-altérant ciel de la Campanie !...

En suivant la Strada-di-Stabiæ, longue, droite, qui se dirige vers les parties non fouillées, nous rencontrons les Thermes, bains publics, qui possèdent une grande salle voûtée prenant jour par en haut, et ornée de bas-reliefs et médaillons de stuc. C'est, je crois, le seul monument de Pompeï qui ait conservé sa couverture, ce qu'il doit à la solidité de ses arceaux.

La fraîcheur de cette pièce nous retient quelque temps. Nous en sortons pour visiter, tout à côté, une boulangerie avec son four bien conservé, ses pétrins de pierre, moulins et accessoires laissés scrupuleusement à l'endroit qu'ils occupaient. Il paraît même que lors de la découverte de cette maison, le blé, la farine et les vases à eau étaient préparés pour le travail.

Instabilité des choses d'ici-bas!... Ce pauvre boulanger en apprêtant son matériel, était loin de se douter que bien des siècles s'écouleraient avant qu'il ne soit dérangé.

Plus haut, une fabrique de savon est encore toute garnie des cuves de plomb, fourneaux, vases et outils qu'employait alors cette industrie antique. Dans une maison voisine, se voit une curieuse fontaine en mosaïque, très originale et d'une fort belle exécution. Les pompeïens, du reste, excellaient en ce genre de décoration.

Les murs intérieurs d'une grande partie des habitations sont recouverts de charmantes fresques et de peintures délicates que le temps et l'humidité n'ont pas trop altérées. Quelques-unes sont d'une pureté et d'une grâce exquises. Sur des lambeaux de murailles, on admire des guirlandes de fleurs, des paysages, des groupes et des scènes animées d'une grande beauté et d'un coloris très-fin.

Les riches pompeïens avaient aussi l'habitude de faire tailler leur buste en marbre et de l'exposer dans la partie la plus apparente de leur demeure. Ces bustes, restés à leur place dans l'atrium, contemplent encore, avec leurs yeux vagues et froids, les vestiges des splendeurs qui naguère faisaient l'orgueil du maître dont ils perpétuent les traits.

C'est avec l'aide de ces statues et des inscriptions qu'elles portent, que l'on a pu restituer le nom de leurs propriétaires à un certain nombre de maisons, entre autres celles de Pansa, de Modestus, de Lucrecius, de Proculus et du Poëte tragique.

Dans le Péristylium de l'une d'elles, nous demeurons tout émus devant un petit chef-d'œuvre d'ingéniosité, de bon goût, admirablement conservé. C'est une piscine avec sa fontaine : un bébé en marbre blanc portant un cygne qui crachait l'eau dans une vasque. Les conduits de plomb sont en place, intacts, quoique inactifs depuis l'an de grâce 79 !...

Vraiment, on ne fait pas mieux de nos jours ; bien des choses que nous croyons avoir imaginées, ne sont ainsi que la rénovation des idées de nos arrière-grands-pères.

La mosaïque, sous ses différents genres, se retrouve partout, notamment dans les pièces exposées à l'air, qui sont pavées de *dalles* d'un centimètre carré de surface, figurant des dessins variés. On prodiguait la mosaïque dans les *prothyrum*, entrées principales des maisons. Souvent le visiteur, en jetant les yeux à ses pieds, lisait cet avertissement salutaire : *cave canem* ou cette marque de politesse du propriétaire : *Salve*.

Le moins connaisseur reste confondu d'étonnement devant les œuvres de ce peuple romain que l'on admire d'autant plus qu'on l'a plus étudié. On se demande où en serait le XIXe siècle, si la fatale ignorance du moyen-âge n'avait pas enrayé le progrès dans sa marche !...

Au bout d'une *via* tortueuse, roide et quelque peu détournée, nous nous arrêtons, non loin de la *Maison du Balcon*, devant une porte, fermée à clef, que le guide nous ouvre avec un petit air mystérieux.

Nous entrons alors dans un large couloir, sur lequel donnent, à gauche, cinq ou six cellules étroites, meublées chacune d'un banc de pierre. Au-dessus de chaque porte se voit très-distinctement une peinture obscène, et les murs sont recouverts d'inscriptions et de dessins grossiers incrustés dans le stuc. Au fond du couloir, une grande niche abrite une sorte de comptoir en granit.

« — Où sommes-nous donc ici ?

« — Dans le *Grand Lupanar*, dit notre guide, en prenant une mine de circonstance ; l'entrée en est interdite aux dames... seules.

« — ! !... »

Tirons un voile discret sur ce lieu occulte et passons.

Immédiatement au-dessous de cet établissement se trouve une pharmacie ayant pour enseigne, sur le socle du mur extérieur, une inscription latine avec des serpents qui s'entre-dévorent.

Une pharmacie, en ce lieu !... Décidément, XIXe siècle, tu n'as rien inventé !...

Notre inspection détaillée, telle que la font faire les guides pour donner aux visiteurs une idée de la ville ensevelie, est terminée.

Pour juger ensuite de l'ensemble et de l'étendue des ruines nous parcourons une série de rues qui présentent à peu près toutes le même aspect : étroites, pavées, bordées de trottoirs élevés et agrémentées de bacs-fontaines en pierre.

La plus large de ces rues, la *Strada del Mercurio*, part du forum en passant sous un arc de triomphe en briques et lave, plaqué de marbre. Du même point, la *Strada di Hercolano*, — rue d'Herculanum, — se prolonge sinueusement vers le Vésuve, jusqu'à la *Rue des Tombeaux*, illustrée de mausolées nombreux.

Les constructions de Pompeï, maisons particulières ou édifices, emploient peu la pierre de taille. Les murailles sont composées d'un mélange de briques, lave et ciment enduit de stuc, mélange qui acquiert avec le temps, une excessive dureté. Les colonnes des atrium et des peristylium sont ainsi construites ; l'enduit de stuc, cannelé ou moulé, est recouvert d'une couche de peinture sombre.

Instinctivement, à chaque coin de rue, pour s'orienter, on cherche le Vésuve, qui domine toute la contrée et semble tout fier d'en être le seigneur et maître. Tout ici, du reste, est vassal et tributaire du volcan ; les champs sont formés de sa cendre, les villes sont bâties avec sa lave, et les rues sont pavées de ses scories.

De beaux esprits disent, cependant, que le Vésuve est un volcan de cabinet, propre tout au plus aux expériences scientifiques et ne présentant pas le moindre danger. Si ces beaux esprits visitaient cette vallée, où tout porte la trace des ravages du monstre, ils le jugeraient plus sainement et trouveraient que sa conduite passée n'est pas précisément de nature à rassurer les populations sur celle qu'il pourra tenir par la suite.

Ce volcan de laboratoire compte, dans son existence, d'assez beaux états de services ; peu de cratères se sont payé, comme lui, le luxe d'engloutir plusieurs villes en une seule éruption !

Mais, revenons à Pompeï.

Du côté opposé au Vésuve, au-delà des espaces non fouillés, on visite l'amphithéâtre, où 20,000 personnes prenaient place. Cet édifice sauva la vie à bien du monde, car, au moment de l'éruption il y avait spectacle ; la foule rassemblée dans l'arène put s'enfuir dans la direction de Salerne ; ce qui explique pourquoi, jusqu'à présent, on a retrouvé aussi peu de cadavres.

Malgré le grand espace déblayé aujourd'hui, la majeure partie de la ville reste sous terre. Bien des chefs-d'œuvre, bien des édifices sont encore dans leur linceul et réservent d'agréables surprises aux archéologues qui dirigent les travaux.

Nous nous arrêtons un instant devant une escouade d'ouvriers, fouillant la terre avec des outils en bois, pour ne pas détériorer les objets qu'ils peuvent rencontrer. C'est un travail minutieux qui demande beaucoup de soin et de surveillance.

Ici, un petit mot d'histoire n'est pas de trop.

Pompeï, on le sait, remonte à une très-haute antiquité. Cicéron y avait une villa, où il écrivit ses *Offices*.

En l'an 63 de notre ère, Pompeï fut détruit en partie par un tremblement de terre. Les habitants ne tinrent pas compte de cet avertissement et reconstruisirent aussitôt. C'est quelques années plus tard, au moment où la cité reprenait toute sa splendeur, le 23 novembre 79, en plein jour, qu'éclata l'effroyable éruption qui l'ensevelit avec Herculanum et Stabie, ses voisines, et, pendant de longs siècles, fit oublier jusqu'à son emplacement.

Ce n'est qu'en 1748, que des paysans, en creusant une tranchée, découvrirent des débris et divers objets d'art, qui donnèrent alors à supposer que l'on était sur les traces de la malheureuse ville.

Depuis ce temps, les fouilles ont fait du progrès et un jour viendra enfin, s'il plaît toutefois à Sa Majesté le Vésuve, où tout Pompeï reverra le soleil.

Avant de quitter les ruines, nous voyons une sorte de corps-de-garde qui sert de logement aux guides et renferme un magasin de photographies et autres souvenirs dont les touristes ne manquent pas de se munir en témoignage de leur visite ; ce que nous faisons.

En outre, le cas en est trop rare pour être passé sous silence, nous sommes heureux de rendre hommage au désintéressement de notre cicerone que nos offres réitérées, et mêmes pressantes, n'ont pu faire départir de la règle qui leur défend de rien recevoir des visiteurs. C'est le seul endroit de l'Italie où cela existe ; partout ailleurs, ces Messieurs se font un scrupule de ne pas vous rappeler aux... usages, quand vous commettez l'indélicatesse de les oublier.

Un quart d'heure après, nous refranchissons l'enceinte de la ville morte, pour rentrer dans le domaine des vivants.

C'est étrange, malgré le peu de temps que nous avons passé au milieu de ces intéressants vestiges, nous commencions à comprendre cette époque si loin de la nôtre, et à nous croire, pour un instant, des contemporains de Pline le Jeune.

C'est que rien ne reporte en arrière, rien ne parle du passé, comme ces curieux débris qui ne vous font grâce d'aucun détail et vous initient aux moindres particularités des mœurs, plus ou moins pures, d'une génération disparue depuis dix-huit cents ans !

Au point de vue scientifique, le cataclysme de 79 a donc eu son utilité ; il sera beaucoup pardonné au Vésuve, qui nous a ainsi conservé, comme un corps embaumé, comme une momie d'Egypte, *une ville du premier siècle de notre ère.*

Nous reprenons alors le chemin de Torre dell' Annunziata ; il est onze heures.

Pour éviter les ardeurs du soleil, nous suivons, au bord de la route, un ruisseau rempli de plantes aquatiques, à l'ombre de jeunes peupliers déjà tout chargés de feuilles. Dans nos contrées du Nord, ces arbres ne verdissent que fin mai !

Le retour à Torre s'effectue rapidement, car nous sommes talonnés par un appétit sérieux. Les émotions, la marche et le grand air sont d'énergiques apéritifs.

Parmi les premières maisons disséminées en vedette le long de la route, nous en remarquons une, avec galerie au rez-de-chaussée, soutenant la masse cubique du premier étage, toutes les maisons, ici, présentent cette forme géométrique — et décorée d'une enseigne à peine lisible : *Trattcria.*

Ce n'est pas somptueux, mais la position est charmante.

Sous le portique en question, — encombré d'ustensiles de cuisine, d'outils de jardinage et autres, jetés pêle-mêle, dans un désordre qui est loin d'être un effet de l'art, — le *maëstro*, flairant sans doute deux consommateurs à écorcher, nous reçoit avec toute la servilité qui caractérise cette variété d'exploiteurs.

Comprenant sans difficulté ce que nous désirons, le Brébant *torreïen* (?) nous introduit dans une petite cour d'où un escalier tournant mène à une large terrasse bitumée qui s'étend au-dessus du rez-de-chaussée, derrière le premier étage. Ce premier étage, de plain-pied avec la terrasse, est composé de trois pièces contiguës qui y prennent entrée par de larges portes, auxquelles correspondent des fenêtres sans vitrage donnant sur le Vésuve.

Une longue table nue, dressée au centre d'une des pièces, paraît attendre les clients ; notre hôte nous offre des siéges et se retire avec l'agilité d'un ouistiti.

Aussitôt accourt, en minaudant, une vieille mégère, qui s'efforce à sourire pour se donner de petits airs aimables ; elle ne parvient, cependant, qu'à imiter assez bien la grâce d'une guenon en belle humeur.

Cette camériste, par trop mûre, recouvre la table d'une nappe blanche et à notre grand contentement, dresse le couvert ; des assiettes à fleurs à faire pâmer d'aise un amateur de céramique ancienne.

Ensuite arriva le menu, et quel menu ?...

Comme entrée, de larges rondelles de saucisse charnue, suivies du traditionnel bifteack aux pommes, fortement arrosé de jus de citron ; puis des oranges à profusion et des pieds d'anis verts, lesquels à notre courte honte, nous embarrassent tellement sur la manière de les manger que nous les laissons pour compte. Ce défilé de mets... campaniens, est bien entendu accompagné de l'inséparable carafe de verre blanc, remplie d'un vin du Vésuve plus ou moins authentique, mais assurément digne du meilleur Bourgogne.

Dès les premiers moments, tout à notre appétit, nous déblayons consciencieusement nos assiettes, sans songer à autre chose ; la faim est une égoïste qu'il faut calmer avant tout. Mais entre les oranges et les anis, — à défaut de poires et de fromage, — nous prenons le temps de nous extasier devant le splendide paysage qui nous entoure.

A la porte donnant sur la terrasse, se déroule une partie de la campagne et du golfe dont les vagues bleues scintillent comme une nappe de diamants. Au pied des montagnes, Castellamare déploie en arc de cercle ses élégantes constructions à terrasses, et, avec une lunette, on aperçoit, au milieu des eaux, à quelques brasses de la ville, les ruines d'un castel maritime. — De là, peut-être, le nom de *Castello a mare*.

Plus loin, estompées par des vapeurs bleuâtres, les villas de Sorrente — patrie du Tasse — s'échelonnent au dessus des eaux, sur les flancs du promontoire de *Campanella* qui va se confondre vaguement avec l'île de Capri, noyée dans les brumes du large.

Du côté opposé, le Vésuve et son acolyte, le *Monte-Somma* se dégagent de leur manteau nuageux. On distingue parfaitement la gueule fumante du cratère, éternelle menace suspendue au-dessus de cette riche contrée que Pythagore appelait le *Jardin du monde*.

Au bas de notre terrasse, des jardins plantés de citronniers et d'orangers toujours verts, vont rejoindre le remblai du chemin de fer de Salerne.

N'est-ce pas là un dessert digne des dieux ? Pourvu toutefois, que notre hôte ne s'avise pas de le porter sur la carte !...

A la fin du déjeûner, le traiteur nous remet une assiette sur le fond de laquelle sont tracés des chiffres à l'encre. C'est l'addition ; singulier moyen d'économiser du papier !

Nous réglons et quittons la *trattoria*, en emportant, néanmoins, un charmant souvenir du moment que nous y avons passé.

En rentrant dans Torre, nous longeons de grandes bâtisses avec fenêtres ornées de tringles qui suspendent, sur la rue, d'innombrables fils de macaroni, séchant à l'air, semblables à des chandelles dans une suifferie. Par les ouvertures du rez-de-chaussée, on entrevoit de grandes cuves et des êtres sales, demi-nus, qui pétrissent la pâte à macaroni.

Il y a gros à parier que si les amateurs forcenés de ce produit en connaissaient la *fabrication*, leur faible pour cette substance diminuerait considérablement.

Pour retrouver notre gare, nous traversons toute la ville et ses longues *via* tortueuses où l'on rencontre très peu de personnes munies de chaussures, mais beaucoup de femmes ensachées dans de vastes robes jaunes et beaucoup d'hommes à peine vêtus, aux membres bronzés, qui traînent en courant de légères charrettes pleines de marchandises, probablement des ballots de pâtes alimentaires.

A un campanile coquet, dominant les terrasses de hautes maisons blanches, une collection complète de carillons de tous timbres, s'agite frénétiquement et produit un infernal concert. Nous guidant sur ce clocher-orchestre que nous avons remarqué ce matin, nous arrivons à la stazione, juste au moment où la locomotive jette son signal de départ. A peine avons-nous le temps de monter en wagon, que le train se met en marche.

Nous quittons ainsi Torre dell Annunziata, sans plus de cérémonial.

A Torre del Greco, un coude de la voie nous met en face de tout le panorama de Naples que, malheureusement la *lourdeur* de l'atmosphère nous fait apparaître comme au travers d'un écran de gaze.

Au premier plan s'allonge la façade percée de mille fenêtres du *Palazzo Reale*, au-dessus duquel se superposent les terrasses des édifices et des maisons, jusqu'au pied de *San-Martino* et du fort Saint-Elme.

Après avoir rampé une seconde fois dans le sombre couloir que dominent les jolies villas et les jardins fleuris de Résina et de Portici, nous rentrons à Naples vers trois heures après-midi, enchantés de notre intéressante excursion.

Jules LEMAIRE.

MONTMÉDY. — IMP. PIERROT.

www.ingramcontent.com/pod-product-compliance
Lightning Source LLC
LaVergne TN
LVHW020509230826
846091LV00008BA/3422

* 9 7 8 2 0 1 3 6 7 4 2 8 7 *